GUÍA DE LECTURA

Escrita por Ludivine Auneau
Traducida por Marta Sánchez Hidalgo

Ve y pon un centinela

de Harper Lee

HARPER LEE

AUTORA ESTADOUNIDENSE

- **Nacida en 1926 en Monroeville (Estados Unidos)**
- **Fallecida en 2016 en Monroeville (Estados Unidos)**
- **Algunas de sus obras:**
  - *Matar a un ruiseñor* (1960), novela
  - *Ve y pon un centinela* (2015), novela

Hija de abogado, Nelle Harper Lee —su nombre completo—, es una niña poco femenina y una ávida lectora. Desde niña mantiene una relación de amistad con Truman Capote (escritor estadounidense, 1924-1984), que le apoya moral y económicamente cuando decide dejar sus estudios de Derecho para hacerse escritora. Desde entonces, lo sigue y lo asiste en su propio proyecto de escritura, que se convertirá en el famoso *A sangre fría* (1966), ayudándole en sus investigaciones y entrevistas. Cuando se publica el libro, Truman se lo dedica.

Autora del célebre *Matar a un ruiseñor*, con más de 40 millones de ejemplares vendidos en todo el mundo, Harper Lee es noticia al publicar, 50 años más tarde, *Ve y pon un centinela*, donde nos volvemos a encontrar con Scout y Atticus Finch, los protagonistas de su primera obra.

VE Y PON UN CENTINELA

EL GRAN REGRESO DE SCOUT Y DE ATTICUS FINCH

- **Género:** novela
- **Edición de referencia:** Lee, Nelle Harper. 2015. *Ve y pon un centinela*. Traducido por Belmonte Traductores. Madrid: HarperCollins Ibérica
- **Primera edición:** 2015
- **Temáticas:** segregación racial, justicia, desilusión, emancipación, espíritu crítico

Ve y pon un centinela retoma la historia de los protagonistas de la primera novela de Harper Lee veinte años después. Ahora Scout es una joven independiente y, cuando vuelve a Macomb, su ciudad natal en Alabama (Estados Unidos), ve a sus familiares de forma distinta. De decepción en decepción, se da cuenta de que su padre es en realidad xenófobo, por lo que tendrá que hacerle frente para salir bien parada del trance.

Después del inmenso éxito de *Matar a un ruiseñor*, la recepción de la segunda novela no es tan notoria. Es un escándalo porque se considera que algunos pasajes son simples plagios de su libro anterior. Los lectores se sienten muy decepcionados al ver que Atticus es un hombre débil y racista. Lejos de ser una novela dedicada exclusivamente a la segregación racial, aborda principalmente el tema de la emancipación de la mujer a través del retrato de Jean Louise Finch, apodada Scout, que en ese momento se preguntaba

por el mundo de los adultos con una ingenuidad y una can-
didez conmovedoras.

- 3 -

RESUMEN

VUELTA A MAYCOMB

Desde que Jean Louise se fue de la ciudad imaginaria de Maycomb (en Alabama) para estudiar Derecho en Nueva York, suele volver con regularidad para visitar a su padre, Atticus. En uno de sus viajes, Henry, su novio, la recoge en la estación, feliz de volver a verla. Se quieren desde hace muchos años y entre ellos no existen los secretos. Además, ya está totalmente integrado en la familia, puesto que desde la muerte de Jem, el hermano de Jean Louise, se ha convertido en el protegido del padre, que lo ha llevado hacia una brillante carrera de abogado. A pesar de todo, Scout (como todo el mundo le llama) no está decidida a casarse por ahora: no se ve viviendo en Maycomb.

Como es tradición, su tía Alexandra invita a todas las jóvenes de la ciudad a un té para celebrar la llegada de Scout, a pesar de las reticencias de ésta última. Es una chica poco femenina que no tiene nada en común con las chicas de su edad, que o bien están casadas, o son madres. Encerradas en su papel de ama de casa, sus vidas se limitan a sus hijos y maridos. Son incapaces de pensar realmente por sí mismas, y se contentan con repetir las afrentas raciales que oyen en sus casas. Impactada por la marea de estupideces intercambiadas durante el té, Jean Louise se despide de ellas con alivio. No se acordaba del odio que reinaba entre los blancos y los negros en Maycomb. Como está acostumbrada a hablar y a actuar como quiere sin preocuparse de las habladurías, manifiesta alto y fuerte en la reunión su punto de vista sobre el tema, pero solo percibe desprecio en el rostro de sus invitadas.

Por la noche, queda con Henry para pasear a la luz de la luna. Sin preocuparse de las conveniencias, Jean Louise lo tira al agua para bañarse con él a medianoche. Pero al amanecer, el suceso ha corrido por toda la ciudad para disgusto de su tía, que quiere hacer todo lo posible para preservar el honor de su sobrina.

Poco tiempo después, un nuevo siniestro hace que se olvide este incidente: un negro que conducía temerariamente atropella y mata al señor Healy en la calle. La ciudad está revuelta y se reaviva la animadversión entre blancos y negros. Llaman a Atticus para defender al acusado, que resulta ser el nieto de su cocinera, Calpurnia. Scout, que está profundamente decepcionada, comprende que lo acepta únicamente para evitar que se impliquen los abogados de la NAACP (National Association for the Advancement of Colored People), afroamericanos a los que no tiene mucha estima, y no por honestidad como habría actuado en el pasado.

LA DESILUSIÓN

Un poco antes del accidente, Jean Louise descubre, asombrada, un panfleto racista entre los documentos de su padre. Sin poder creerse que sea suyo, le pregunta a su tía por el asunto.

Scout descubre no solo que el folleto es suyo, sino también que Atticus y Henry son miembros muy activos del Consejo de ciudadanos de Maycomb (una asociación local que agrupa a defensores de la «supremacía de la raza blanca» en Estados Unidos). Incrédula, acude al comité para asegurarse. Durante la reunión siente náuseas al comprobar que su padre y su pareja parecen estar de acuerdo con lo que se dice. Se siente traicionada, engañada por los dos hombres en los que más confiaba. Como quiere comprender qué ha pasado para que hayan cambiado hasta tal punto, pide opinión a su tío Jack, pero éste le da respuestas confusas porque sabe que sus explicaciones le disgustarán y que todavía no está preparada para escucharlas.

Incapaz de compartir su intimidad con un compañero cuya ideología se opone a la suya, decide terminar su relación con Henry. Éste, que está seguro de que su pareja ha ido a la reunión, le cuenta la razón de sus actos y de su adhesión al consejo: quiere integrarse y hacerse respetar por los habitantes de Maycomb a cualquier precio, aunque para ello deba aceptar opiniones contrarias a las suyas. Pero Jean Louise solo percibe en su actitud cobardía e hipocresía. Un poco más tarde, recuperarán su amistad, pero nunca volverán a tener la relación amorosa de antaño.

El enfrentamiento entre la heroína y su padre es más violento. Empiezan una discusión sobre el lugar de los negros en la Constitución. Scout se sorprende al descubrir hasta qué punto discrepan sus opiniones, pierde la calma y entra en cólera. Por su parte, Atticus le dice que la quiere y que es necesario que se oponga a sus creencias para crecer y reafirmar sus propias ideas. Fuera de sí, Jean Louise hace la maleta rápidamente con la intención de no volver a pisar aquella casa, hasta que su tío Jack interviene y le da dos bofetadas para calmarla. Cuando se tranquiliza, le cuenta lo que acaba de vivir. Scout siempre ha visto a su padre como un modelo perfecto, como un dios en el que se apoyaba cuando dudaba de algo. Pero, por primera vez, descubre en él una debilidad, un punto con el que no está de acuerdo. La imagen divinizada que se había forjado de su padre se rompe para dejar paso a su propia consciencia. El tío Jack la calma sosteniendo que Atticus actuará siempre respetando la ley y que será el primero en intervenir si hay algún alboroto.

Ya calmada, Jean Louise va a ver a su padre, avergonzada de lo que le ha echado en cara. Sin embargo, éste, en lugar de recriminárselo, la felicita por su integridad. Está orgulloso de tener una hija dispuesta a luchar por defender sus convicciones. Mientras Atticus recibe a su hija en el mundo de los adultos, Scout acepta a este hombre como su igual.

ESTUDIO DE LOS PERSONAJES

JEAN LOUISE FINCH, APODADA SCOUT

De niña, Scout era muy poco femenina y una gran amante de la literatura. Como no ha conocido a su madre, es ingenua en lo que se refiere a su feminidad; algo que se observa especialmente cuando cree que se ha quedado embarazada porque un compañero de clase le ha dado un beso. Aunque no parece que haya sufrido por la ausencia materna, la inexistencia del modelo femenino y de la imagen de una relación entre un hombre y una mujer a su alrededor le hace sentirse cada vez más a disgusto con su cuerpo, puesto que no se adecua a su forma de vivir ni al estilo de los dos hombres que la arropan. Durante años, se ve «en aquel tránsito doloroso que supuso para ella pasar de ser un chicazo a ser una joven señorita» (Lee 2015, cap. 9).

En la actualidad, aunque tiene más confianza en sí misma, sigue sin encarnar a la elegante dama que suelen verse en Maycomb. Con 26 años, aún no se ha casado y no parece tener prisa en hacerlo, a pesar de su relación con Henry Clinton, con el que sale desde la adolescencia y quien solo desea casarse con ella. Al contrario, vive a caballo entre Alabama y Nueva York, donde estudia Derecho. Cuando su padre la impulsa a dejar su ciudad natal, «ella se sintió vagamente ofendida, como si la estuvieran echando de su propia casa» (Lee 2015, cap. 9). Pero entiende más tarde que Atticus quería asegurarse de que «su hija sabría valerse sola» (Lee 2015, cap. 9).

Scout idolatra a su padre y le quiere muchísimo. Está muy orgullosa de él y de sus ideologías, lo apoya en todo momento y comparte sus opiniones y su línea de conducta. Para ella, «todo lo que tenía de bueno y de decente en su carácter se lo debía a él» (Lee 2015, cap. 9). Sin embargo, cuando descubre que Atticus defiende el concepto de la «supremacía de la raza blanca», se enfrenta a él por primera vez con una violencia extrema. A partir de entonces, «el único ser humano en el que había confiado absolutamente, con toda su alma, le había fallado [...] la había traicionado, públicamente, groseramente y sin pudor alguno» (Lee 2015, cap. 8). Al final de la novela encontrará una especie de alivio respecto a él.

ATTICUS FINCH

Atticus es abogado y «la ley es su razón de vivir» (Lee 2015, cap. 18). Se casa con una mujer de Montgomery 20 años menor que él y tiene dos hijos con ella: Jeremy, apodado Jem, y Jean Louise. Por desgracia, enviuda a los 48 años y Calpurnia, su cocinera, es la única que le ayuda. Acerca a sus hijos a la sabiduría desde pequeños: «Les salieron los dientes escuchando historia militar, proyectos de ley pendientes de aprobación, historias detectivescas, el Código de Alabama, la Biblia y la antología de poetas ingleses de Palgrave» (Lee 2015, cap. 9). En la época en que transcurre la novela, su hijo ha fallecido unos años antes, y solo le queda su hija.

Atticus «tenía el mismo carácter en público que en privado» (Lee 2015, cap. 9), con una rectitud ejemplar, con la justicia como línea de conducta. «Integridad, humor y paciencia eran las tres palabras que mejor definían a Atticus Finch» (Lee 2015, cap. 9). Aunque Jean Louise veía en él un modelo de virtud, ya no reconoce al hombre que conocía y los valores que defendía cuando se entera de que es miembro activo del Consejo de ciudadanos de Maycomb. Pero, lejos de aprobar las ideas del resto de los miembros, el objetivo de Atticus es en realidad mantener un lugar respetable y respetado en la ciudad para servirla lo mejor posible. De hecho, asistir a las reuniones le permite conocer mejor a los enemigos de la Constitución, como le explica Henry a Jean Louise: «Tu padre se sentía, y se sigue sintiendo, muy incómodo entre las personas que se tapan la cara. Necesitaba saber con quién tendría que vérselas si alguna vez llegaba el momento de... Tenía que descubrir quiénes eran...» (Lee 2015, cap. 16).

HENRY CLINTON, APODADO HANK

Henry Clinton nace en Maycomb y conoce a Jem y a Scout desde la más tierna infancia. Aunque sea mayor que Jean Louise, se enamora de ella desde muy joven y la besa por primera vez cuando ella solo tiene 14 años. Cuando Jem muere, Atticus lo protege como si fuera un hijo y lo apoya en sus estudios y en su carrera de abogado. El joven parece impaciente por casarse con Jean Louise y formar una familia, todo lo contrario que ella, que no se siente preparada. La tía de la joven, Alexandra, no ve la relación con buenos ojos; aunque aprecia a Henry, cree que no viene de una buena familia. De hecho, procede de una menos respetable que la de los Finch y paga el precio todos los días porque debe luchar por ganarse el respeto de Maycomb. Un paso en falso y se arriesga a que le echen en cara que es «gentuza» (Lee

2015, cap. 16). Para librarse de estas situaciones, se doblega a la voluntad de la ciudad y nunca se opone a lo que esperan de él: «Gracias a ella [Maycomb] tengo una buena vida. Pero Maycomb exige ciertas cosas a cambio. Exige que lleves una vida razonablemente decente [...] que vayas a la iglesia los domingos, que te amoldes a sus costumbres...» (Lee 2015, cap. 16).

Cuando Scout se entera de que «Henry es uno de los miembros más activos» (Lee 2015, cap. 8) del Consejo de ciudadanos, es sencillamente incapaz de seguir saliendo a este hombre, que tiene unas ideas tan alejadas de las suyas. Después de su explicación, lo tacha de hipócrita y de cobarde, cosa que él admite. Luego ella lo deja sin dudar. Al final de la novela, después de la pelea «[concertan] una cita para despedirse» (Lee 2015, cap. 19) y quedan como buenos amigos.

EL TÍO JACK

El tío Jack es hermano de Atticus y de Alexandra. Es médico, y «llegó a ser traumatólogo» (Lee 2015, cap. 6) en un gabinete en Nashville. Con 45 años ha ahorrado suficiente dinero como para jubilarse y dedicarse a la literatura victoriana, su gran pasión. A partir de entonces, cosecha «fama de ser el excéntrico más docto de todo el condado de Maycomb» (Lee 2015, cap. 6). Pero «la diferencia entre el tío Jack y los demás es que él sabe que está loco» (Lee 2015, cap. 15).

Siempre ha estado muy presente en la vida de Jem y Scout: «Jem y tú erais los hijos que nunca tuve» (Lee 2015, cap. 18). Al estar cerca de ellos, intenta reparar el daño que le ha causado a su padre, o al menos intenta «pagar sus deudas» (Lee 2015, cap. 14) por haber sentido un amor verdadero y profundo hacia la mujer de su hermano. «Me enamoré de ella locamente... Aún lo estoy» (Lee 2015, cap. 18), le dice.

Tras sentirse decepcionada por Henry y por su padre, Jean Louise pide a Jack, la única persona en la que confía,una explicación de las ideas racistas de los primeros: «¿Qué ha pasado, tío Jack? ¿Qué le pasa a Atticus? Creo que Hank y la tía han perdido la cabeza» (Lee 2015, cap. 14), le pregunta. Le da explicaciones muy confusas y luego le abre los ojos sobre lo que acaba de cambiar en su relación con su padre, calmando así la situación.

ALEXANDRA

Alexandra lleva 33 años casada con James Hancock, pero vive lejos de él desde que éste decidió no volver a Maycomb. Es una situación perfecta para Alexandra, dado que «despreciaba a los hombres y se crecía sin su presencia» (Lee 2015, cap. 3). Su hijo es el pequeño Francis, pero lo mantiene lo más alejado posible de ella, porque no tiene ningún instinto maternal.

Cuando Atticus envejece, se va a vivir a casa de su hermano para ocuparse de él y de la casa. Es la encarnación de la dama elegante:

> «Alexandra era [...] la última de su especie: tenía modales de internado de señoritas, de barco de recreo. Si de defender la moralidad se trataba, era siempre la primera. Era una criticona, una chismosa incurable» (Lee 2015,

Por todas estas razones, Alexandra y Jean Louise son incapaces de llevarse bien: «no podían mantener una conversación de quince minutos sin adoptar puntos de vista irreconciliables» (Lee 2015, cap. 3). A pesar de todo, les une un profundo afecto.

CLAVES DE LECTURA

LA SEGREGACIÓN RACIAL EN ALABAMA

El racismo era el tema principal de la primera novela de Harper Lee y, aunque hayan pasado veinte años en el universo del relato, el tema sigue omnipresente. La mayoría de los habitantes de Maycomb siguen siendo intolerantes con la gente de color y el odio entre los blancos y los negros incluso parece haberse intensificado.

Para Jean Louise, que ha dejado su ciudad natal y se ha marchado a Nueva York, es un gran contraste: la mentalidad de Maycomb le parece arcaica y las mujeres, sin espíritu crítico, repiten las opiniones de sus maridos sin preguntarse nada sobre el mundo. A Scout le deja atónita tanta estupidez.

Además, a pesar de los años que han pasado, el Ku Klux Klan sigue activo en el condado. Hay hombres que defienden la supremacía de la raza blanca y afirman que no permitirán a ningún «*nigger* ni ninguna Corte Suprema [...] decirle a él, ni a nadie lo que tenía que hacer. Una raza con la cabeza tan hueca que... Inferioridad esencial... [...] Se case con tu hija... Degradan la raza... [...]» (Lee 2015, cap. 8).

¿SABÍA QUE...?

Conocido principalmente por sus actos de violencia contra los negros en los años sesenta, el Ku Klux Klan es una organización que defiende la supremacía de la raza blanca, sobre todo la de los estadounidenses anglosajones protestantes, en Estados Unidos. El primer KKK se funda en 1865, poco después de la Guerra de Secesión (1861-1865), por el descontento fruto de la victoria nordista. Rápidamente, debido a consecuencias ideológicas, los negros pasan a ser el objetivo. El grupo se disuelve oficialmente en 1869. Un segundo KKK nace en 1915. Esta vez, la población aprueba ampliamente sus valores de protección del «verdadero pueblo americano» y se une al movimiento en masa. Pero, de nuevo, los actos violentos cometidos acaban con el grupo. Desde entonces, algunos grupúsculos persisten en parte de Estados Unidos.

La NAACP, una poderosa asociación estadounidense para la defensa de la gente de color, cuenta cada vez con más miembros y lucha por el reconocimiento de sus derechos cívicos. Para conservar sus derechos y su estatus, los habitantes blancos de Maycomb se reúnen para oponerse a este ascenso de poder. Por eso, Atticus acepta defender al conductor homicida: teme que los abogados de la asociación vayan a defender su causa y que «exi[jan] que haya negros en el jurado» (Lee 2015, cap. 12). Cree que estos abogados «se sirven de cualquier triquiñuela legal, y tienen muchas» (Lee 2015, cap. 12) induciendo así a error al juez.

En su adolescencia, Jean Louise iba y venía a su antojo por los barrios negros para visitar a Calpurnia. Como representación de la única figura femenina de su entorno, era como una madre para ella. Sin embargo, cuando la heroína va a su casa para ofrecerle ayuda con el asunto del acusado, la cocinera se ha transformado, y se muestra fría y distante: «Calpurnia nos quería, juro que nos quería. Estaba ahí sentada, delante de mí, y no me veía, veía a una blanca. Ella me crió, y no le importa» (Lee 2015, cap. 12).

Además, Maycomb ha perdido al hombre más honesto, el que antaño defendía las causas justas: Atticus. Antes, «su código de conducta era la ética del Nuevo Testamento, y su recompensa el respeto y el cariño de todos cuantos lo conocían» (Lee 2015, cap. 9). Pero en ese momento, Jean Louise cree que «el único ser humano en el que había confiado absolutamente, con toda su alma, le había fallado» (Lee 2015, cap. 8) a ella, a Calpurnia y a toda su comunidad.

ATTICUS DESMITIFICADO

Cuando *Matar a un ruiseñor* sale a la venta en 1960, Atticus

Finch es, para millones de lectores, la representación del héroe americano. En los años cincuenta y sesenta, en los que el movimiento de los derechos cívicos para los hombres de color está en pleno apogeo en Estados Unidos, Atticus encarna el emblema de la justicia y de la integridad por haber defendido a un negro. Jem y Scout ven en su padre un modelo de virtud, cuya conducta es impecable en todos los aspectos.

Sin embargo, en esta segunda novela Atticus se encuentra en una posición mucho menos brillante. Ya no es el héroe que todo el mundo conocía, sino un hombre con ideas discriminatorias. Defiende con serenidad su posición racista con un argumento poco convincente: «¿has pensado alguna vez que no se puede tener a un conjunto de personas atrasadas conviviendo con otras avanzadas en una civilización concreta [...]?», le dice a Jean Louise.

No es solo que sus opiniones vayan en contra del personaje de éxito, sino que nos enteramos también de que es miembro del comité de dirección del Consejo de ciudadanos de Maycomb. En la segunda novela, Jean Louise pierde su referente al descubrir una nueva faceta de este hombre al que pensaba que conocía plenamente. El lector está tan perturbado como ella, incluso indignado por este giro, ya que Atticus Finch constituía hasta ese momento un símbolo de equidad y de rectitud en la cultura popular estadounidense.

LA EMANCIPACIÓN

Ve y pon un centinela relata sobre todo la emancipación de Jean Louise con respecto a su padre. Después del shock provocado por el descubrimiento del folleto racista de Atticus, la heroína toma perspectiva de repente. Pasa primero por una fase de negación: incluso después de la reunión del consejo de los ciudadanos, no es capaz de aceptar lo que acaba de presenciar. Su reacción es tan violenta que se pone literalmente enferma física y mentalmente. Cree que se va a volver loca, porque todo lo que le rodea se desploma.

Hasta ese momento, Atticus estaba en un pedestal para su hija, a la altura de un dios. Esta lo creía infalible e irreprochable. Ella, que no tenía una verdadera personalidad individual, lo tenía como modelo y pensaba y actuaba como él. Tendía a escudarse en él cuando tenía que tomar una decisión. El tío Jack le dice: «tú, señorita, que naciste con conciencia propia, en algún punto del camino la pegaste como una lapa a la de tu padre. Al crecer, al hacerte mayor, sin darte cuenta, confundiste a tu padre con Dios» (Lee 2015, cap. 18). Pero, por primera vez, solo ve en él a un hombre cuya actitud desaprueba.

Sin embargo, esta inmensa decepción y esta gran furia parecen necesarias para que la joven se emancipe de su padre y revele su propia personalidad. Una simple conversación con Atticus no bastaría para hacerle tomar conciencia. «Estaba dejando que rompieras tus iconos uno a uno. Dejando que le redujeras a la estatura de un ser humano» (Lee 2015, cap. 18), le dice su tío. Él es un elemento neutro y esclarecedor en la historia: contribuye mucho a la emancipación de Jean Louise, puesto que, sin él, se habría marchado sin comprender la prueba que estaba atravesando y la relación entre el padre y la hija se habría roto para siempre.

Al ver a su hija liberarse de él, Atticus se siente orgulloso de ella y dice: «Bueno, desde luego esperaba que mi hija se mantuviera en sus trece y defendiera lo que cree que es justo. Y que primero que nada se enfrentara a mí» (Lee 2015, cap. 19).

¿LA PUBLICACIÓN DE UNA CONTINUACIÓN?

Aunque los seguidores de Harper Lee se habían hecho a la idea de que sería una obra única, en 2015 se publica la continuación de las aventuras de Scout y de Atticus Finch. Sin embargo, esta segunda parte parece que se habría escrito antes que *Matar a un ruiseñor*. Pero aunque la historia se parezca mucho a la primera, en este segundo opus la ficción se desarrolla desde el punto de vista de Scout mientras que los personajes han evolucionado y envejecido. La prensa estadounidense denuncia la desmitificación de Atticus, que suscitaba el orgullo nacional: con esta nueva representación del protagonista se desploma un emblema de honestidad y de justicia.

Sin embargo, cuando la novela sale a la venta, la crítica pone el grito en el cielo: ¿se trata realmente de un libro inédito? ¿No es más bien un borrador del libro anterior? ¿Al menos se le ha consultado a Harper Lee, que entonces contaba con 89 años, sobre esta publicación? ¿O ha sido su abogada, que administra sus intereses, la que ha tomado la decisión por iniciativa propia? Esta última cuestión es la más sospechosa porque la jurista se ha contradicho afirmando una vez que el manuscrito apareció en 2011 y otra en 2014. Hay todavía muchas preguntas sin respuesta y sin duda el misterio quedará sin resolver.

PISTAS PARA LA REFLEXIÓN

ALGUNAS PREGUNTAS PARA PROFUNDIZAR EN SU REFLEXIÓN...

- ¿Qué cree que diferencia a la segunda novela de la primera?
- ¿Qué papel tiene el tío Jack para la heroína? Explíquelo con citas del texto.
- ¿Qué representaba Calpurnia para Jean Louise? ¿Por qué es conmovedor su reencuentro?
- ¿Por qué Jean Louise quiere romper con Henry? ¿Entiende usted su decisión?
- Estudie las diferencias entre Scout y los otros personajes femeninos de la historia.
- ¿Cómo contribuye el contexto histórico a la emancipación de Jean Louise?
- ¿Por qué motivos *Ve y pon un centinela* es tan controvertido?
- ¿Por qué esta segunda novela destruye la imagen de Atticus Finch?
- Comente la siguiente cita: «Tenías que matarte tú o tenía que matarte él para conseguir que funcionaras como un ser autónomo» (Lee 2015, cap. 18).
- Explique el título de la obra.

¡Su opinión nos interesa!
¡Deje un comentario en la página de su librería en línea,
y comparta sus favoritos en las redes sociales!

PARA IR MÁS ALLÁ

EDICIÓN DE REFERENCIA

- Lee, Nelle Harper. 2015. *Ve y pon un centinela*. Traducido por Belmonte Traductores. Madrid: HarperCollins Ibérica.

ESTUDIO DE REFERENCIA

- Lee, Nelle Harper. 2015. *Matar a un ruiseñor*. Traducido por Belmonte Traductores. Madrid: HarperCollins Ibérica.

EN RESUMENEXPRESS.COM

- Guía de lectura de *Matar a un ruiseñor* de Harper Lee.

www.resumenexpress.com

ISBN ebook: 9782806280275

ISBN papel: 9782806281432

Depósito legal: D/2016/12603/199

Cubierta: © Primento

Libro realizado por <u>Primento</u>, *el socio digital de los editores*